Somos Latinos

mi barrio · my neighborhood

George Ancona

With Alma Flor Ada and F. Isabel Campoy

Children's Press® A Division of Scholastic Inc.
New York • Toronto • London • Auckland • Sydney • Mexico City • New Delhi • Hong Kong • Danbury, Connecticut

To Kate Nunn

My heartfelt thanks to the people who helped me
in the production of this book: Lydia Ortiz and her
children, Marc, Christina, and Eric; Andrew
Friedman, Oona Chatterjee, and Amir of Make the
Road by Walking. Jay, L.A. and Amanda Maisel
and Nancy Fields for their hospitality.

Gracias,

G.A.

Library of Congress Cataloging-in-Publication Data

Ancona, George.
  Mi barrio = My neighborhood / George Ancona.
     p. cm. — (Somos latinos)
  ISBN 0-516-23689-X (lib. bdg.)   0-516-25064-7 (pbk.)
  1. Puerto Rican children—New York (State)—New York—Social life and customs—Juvenile literature. 2. Puerto
Ricans—New York (State)—New York—Social life and customs—Juvenile literature. 3. Hispanic American neigh-
borhoods—New York (State)—New York—Juvenile literature. 4. Puerto Rican children—New York (State)—New
York—Biography—Juvenile literature. 5. Puerto Ricans—New York (State)—New York—Biography—Juvenile
literature. 6. Bushwick (New York, N.Y.)—Social life and customs—Juvenile literature. 7. New York (N.Y.)—
Social life and customs—Juvenile literature. I. Title: My neighborhood. II. Title.
  F128.9.P85A53 2004
  974.7′004687295′092—dc22
                                      2004009338

Published in 2004 by Children's Press, an imprint of Scholastic Library Publishing.
Published simultaneously in Canada.
Printed in the United States of America.
1 2 3 4 5 6 7 8 9 10 R 13 12 11 10 09 08 07 06 05 04

Cuando las personas que hablan español vienen a Estados Unidos, muchos prefieren vivir en un barrio donde se habla español y donde las tiendas y mercados ofrecen alimentos de sus países de origen. Los niños van a la escuela y allí aprenden inglés y las costumbres de su nuevo país.

When Spanish-speaking people come to the United States, many choose to live in barrios, neighborhoods where Spanish is spoken. Stores and markets offer foods that come from their countries. The children go to school, where they learn English and the ways of their new homeland.

George Ancona

Hola, soy Marc Anthony.
Vivo en un barrio de Brooklyn
llamado Bushwick. Mis padres
vinieron de Puerto Rico.
Yo nací aquí. La mayoría de la
gente que vive aquí habla español.
Voy a la escuela pública 116.

Hi, I'm Marc Anthony.
I live in Brooklyn, in a
neighborhood called Bushwick.
My parents came from Puerto Rico.
I was born here. Most of the people
who live here speak Spanish.
I go to P.S.116.

Christina, mi hermana mayor, y yo hacemos carreras hasta el parque. Casi siempre gana ella. Es divertido columpiarse y dar volteretas en las barras altas. Cuando nos cansamos, nos vamos a leer a la biblioteca.

My older sister Christina and I race to the playground. She wins most of the time. It's fun to swing and spin on the high bars. When we get tired we go to the library to read.

En nuestro barrio hay muchos murales.
Un grupo de niños de mi escuela pintó este. Nos gusta reunirnos después de la escuela.

There are many murals painted on the walls of the neighborhood. This one was painted by some of the kids in my school. We like to get together after school.

A veces vamos a pintar al centro de la comunidad. En verano, ayudamos a algunos artistas a pintar murales. Uno de nuestros proyectos fue un pequeño parque con un mural.

Some days we go to the community center to draw pictures. In the summer we help artists paint murals. One of the projects we did is a little park with a mural.

La mayoría de los carteles de los escaparates de las tiendas están en inglés y en español. En la taquería de la esquina compramos tacos.

Most of the signs in store windows are in Spanish and English. For a treat we buy a meat taco in the corner *taqueria,* a store that makes tacos.

A veces mamá nos lleva de compras.
Vamos en tren a su mercado favorito.
Allí nos muestra algunas de las frutas
que comía en Puerto Rico.

Sometimes our mother takes us shopping.
We take the train to her favorite market.
When we get there she shows us some of
the fruits she ate in Puerto Rico.

Mamá compra frutas y verduras. Hay muchas clases de plátanos. Mamá corta, aplasta y fríe los plátanos verdes para hacer tostones.

Mom buys fruits and vegetables. There are many kinds of bananas. The big ones are called plantains. She slices, squashes, and fries them to make *tostones*.

Luego vamos a la pollería.
Mientras mamá compra pollos,
nosotros paseamos entre las jaulas
para ver qué clases de pollos hay.

Then we go to a chicken market.
While Mom buys some chickens,
we wander among the cages to look
at the different kinds of chickens.

A veces, mamá nos deja comprar
algo que nos gusta.
Yo me compro una pelotita de la máquina.
Lo que más me gustó fue cuando compré
la gorra de mi equipo de béisbol favorito.

Sometimes Mom lets us buy a treat.
I get to buy a little ball from a machine.
But best of all was when I was able to
buy a baseball cap from my favorite team.

En cuanto llego a casa, subo a la azotea para jugar con nuestros perros. De vez en cuando, nuestros amigos vienen a jugar dominó mientras mamá prepara la comida en la cocina.

As soon as I'm home, I run up to the roof to play with our dogs. Sometimes our friends come over to play dominoes while Mom cooks supper in the kitchen.

Una de mis tareas es alimentar a los pájaros que tenemos en el apartamento. Después nos sentamos a comer. Mamá hizo sopa de pollo y una gran fuente de tostones. ¡Mmm, qué rico!

One of my chores is to feed the birds we keep in the apartment. Then we sit down to eat. Mom made chicken soup and a platter of *tostones*. Hmm, good!

La historia de Lydia Ortiz

Mi nombre es Lydia Ortiz. Soy viuda. Nací en un pueblo pequeño de Puerto Rico. Detrás de nuestra casa, había una playa. En mi pueblo se celebra todos los años un Festival de Jueyes. Toda la plaza se llena de jueyes. Hay música y bailes, y todas las comidas se preparan con jueyes, que es un tipo de cangrejo.

Vine a Estados Unidos a trabajar en una fábrica de carteras. Ya llevo veintidós años aquí. Tengo cuatro hijos. Vine con los dos mayores, mi hija Suleika y mi hijo Eric. Los más pequeños Christina y Marc nacieron aquí. Suleika regresó a Puerto Rico. Se graduó de la universidad y acaba de casarse. Eric creció aquí y terminó la escuela secundaria. Quiero que estudie una profesión. Espero que los chicos sigan el ejemplo de su hermana mayor y que estudien y se preparen para un buen futuro.

Lydia Ortiz's Story

My name is Lydia Ortiz. I am a widow. I was born in a small town in Puerto Rico. There was a beach behind our house. In my town there was a Festival of Crabs every year. The whole plaza was full of crabs. There was music and dancing and every meal was made with crabs.

I came to the United States to work in a bag factory. I have been here twenty-two years now. I have four children. I came with my two older ones, my daughter Suleika, and my son Eric. The younger ones, Christina and Marc, were born here. Suleika returned to Puerto Rico. She graduated from college and has just gotten married. Eric grew up here. He finished high school. I want him to learn a profession. I hope that the boys follow the example set by their older sister and that they study to prepare for a good future.

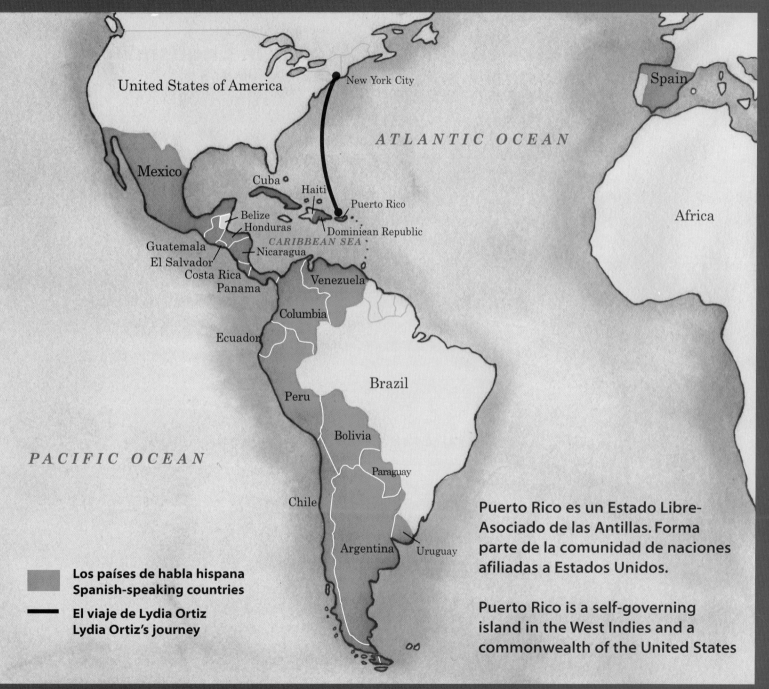

United States of America

New York City

Spain

ATLANTIC OCEAN

Mexico

Cuba

Haiti

Puerto Rico

Africa

Belize
Honduras

Dominican Republic

Guatemala

CARIBBEAN SEA

El Salvador

Nicaragua

Costa Rica

Venezuela

Panama

Columbia

Ecuador

Brazil

PACIFIC OCEAN

Peru

Bolivia

Paraguay

Chile

Argentina

Uruguay

Los países de habla hispana
Spanish-speaking countries

El viaje de Lydia Ortiz
Lydia Ortiz's journey

Puerto Rico es un Estado Libre-Asociado de las Antillas. Forma parte de la comunidad de naciones afiliadas a Estados Unidos.

Puerto Rico is a self-governing island in the West Indies and a commonwealth of the United States

Palabras en inglés = **Words in English**

amarillo = yellow

anaranjado = orange

azul = blue

blanco = white

colores = colors

cultura = culture

escenas = scenes

frutería = fruit market

librería = book store

mercado = market

muralista = mural painter

paisajes = landscapes

Palabras en inglés = **Words in English**

papa = potato

personajes = characters

pescado = fish

pinturas = paintings

pollería = chicken market

pollo = chicken

rojo = red

sopa = soup

taquería = taco restaurant

tostones = fried plantains

verdulería = vegetable store

Murales

En los barrios hispanos de Estados Unidos suelen haber murales en las paredes. Los murales nos recuerdan a personajes, escenas y paisajes de los países donde se habla español. Es como traer un trocito de nuestros países a las calles y plazas donde vivimos ahora.

La tradición de pintar murales es muy famosa en México. Allí hubo tres excelentes muralistas, Diego Rivera, David Alfaro Siqueiros y José Clemente Orozco, quienes pintaron la historia de México en las paredes de grandes edificios.

En Nueva York y en gran parte de la costa del este de Estados Unidos, los muralistas han pintado escenas de la vida de los puertorriqueños. Antonio Martorell es un gran muralista de Puerto Rico.

Murals

In Hispanic neighborhoods in the United States murals are often painted on walls. Murals remind us of the characters, scenes, and landscapes of Spanish-speaking countries. They bring a little piece of our lands to the streets and plazas where we now live.

In Mexico, there is a strong tradition of painting murals. There were three excellent muralists in Mexico, Diego Rivera, David Alfaro Siqueiros, and José Clemente Orozco, who painted the history of Mexico on the walls of big buildings.

In New York and throughout the east coast in the United States, muralists have painted scenes of Puerto Rican life. Antonio Martorell is a great muralist from Puerto Rico.

Sobre el autor

George Ancona creció en Brooklyn en una comunidad de inmigrantes, pero su familia era la única que hablaba español. Cuando se graduó de bachiller, George viajó a México por primera vez para visitar a su familia y estudiar pintura. Volver a Brooklyn para hacer este libro fue como regresar a su pasado.

About the Author

George Ancona grew up in Brooklyn in an immigrant community, but his family was the only one that spoke Spanish. Soon after he graduated from high school, he went to Mexico for the first time to visit his family and to study painting. Returning to Brooklyn to do this book was like a return to his past.

Sobre Alma Flor Ada y F. Isabel Campoy

Alma Flor Ada e Isabel Campoy pasan mucho tiempo visitando escuelas y leyendo sus libros a los niños. En las escuelas de Brooklyn tienen muchos amigos. Algunas veces los niños hacen murales de papel con los personajes de sus libros.

About Alma Flor Ada and F. Isabel Campoy

Alma Flor Ada and F. Isabel Campoy spend a great deal of time visiting schools and reading their books to children. They have many friends in the schools of Brooklyn. Sometimes children make paper murals representing the characters in their books.